Deise Maria Kroth Assmann

MÉTODO

IOPR

Tudo o que você queria saber para ter as contas em dia, mesmo ganhando pouco.

Deise Maria Kroth Assmann

Método IOPR: Tudo o que você queria saber para ter as contas em dia, mesmo ganhando pouco

1ª edição

Santa Rosa
Edição do autor
2015

Direitos desta edição reservados à
Deise Maria Kroth Assmann
CPF 718.894.000-25
98900-000 – Santa Rosa/RS
Tels: (55) 55 9955-2233 – 55 9211-2233
dkdeise@hotmail.com
www.contaorganizada.blogspot.com.br

Impresso no Brasil / *Printed in Brazil*
Versão PDF Português

1ª edição – 2015

Preparação de originais: Deise Maria Kroth Assmann
Editoração eletrônica: Deise Maria Kroth Assmann
Revisão: Marco Antônio da Costa Malheiros
Ilustrações: Cristiano Kerkhoff Assmann
Capa: Deise Maria Kroth Assmann

ISBN 978-85-921625-0-4

Dedicatória

Dedico este livro às minhas filhas Mariana e Antonia, e a todas as crianças do Brasil, porque acredito em um mundo melhor, em uma vida mais feliz, e é o que eu quero pra elas.

Agradecimentos

Eu agradeço primeiro à Deus pela benção de ter sanidade e capacidade de aprendizado que me possibilitaram todas as experiências da minha vida e o desenvolvimento deste trabalho.

Agradeço à minha mãe, Maria, por todas as vezes que se dedicou a me ensinar, explicar, e insistiu, falou e falou várias vezes, com paciência, e sem paciência também, pois foi com amor, foi com sabedoria e foi para o meu bem cada uma das lições que ela me deu.

Agradeço ao meu pai, Carlos, por todos os exemplos de garra, de fé, de superação. Por ter me ajudado a sair das crises financeiras e por ter me mostrado dia após dia que é o trabalho que nos sustenta.

Agradeço aos meus irmãos, Daniela e Emerson, e também à Isamara, minha cunhada, por terem sido parceiros, compreensivos e benevolentes toda vez que eu precisei de suporte da família e eles sempre estiveram do meu lado, sem cobranças, sem acusações e sem disputas.

E agradeço ao meu marido, Cristiano, ilustrador oficial desta obra, que está sempre do meu lado, que apoia, acompanha, sonha e realiza junto, com amor, com respeito, com parceria e confiança.

Agradeço ainda aos meus sogros, Ana e Silv[illegible], sempre presentes e apoiando. Aos parentes, amigos, colegas, clientes, meus ex-chefes, meus alunos, enfim, tenho que agradecer a todos que me deram a oportunidade de aprender e ensinar.

Tenho que agradecer também aos meus professores, desde a minha primeira professora, Maria Beatriz (Piti), que me ensinaram muito mais do que ler, escrever, desenhar, calcular e racionar, pois são a minha maior fonte de inspiração.

Não posso deixar de agradecer aos colaboradores, revisores e apoiadores. Muito obrigada Professor Marco Antônio da Costa Malheiros, e demais professores do Instituto Federal Farroupilha Campus Santa Rosa, que abraçaram a ideia e acrescentaram valor ao projeto contribuindo com seu conhecimento, entusiasmo e disposição para que mais pessoas pudessem ter acesso ao Método IOPR.

Aos meus Mestres da Fundação Getúlio Vargas que, muito mais do que mediadores de aprendizagem, foram inspiração e apoio para a realização deste desafio, em especial ao estimado Professor, condecorado Comendador pela Associação Brasileira de Lide‌ Fernando Paes Nascimento, pelas palavras de a pela inspiração que me trouxe até aqui.

E não posso deixar de agradecer as pessoas que confiaram nesta proposta e me deram a oportunidade de colocar em pratica as ideias e experiências que deram origem ao Método IOPR.

E vou agradecer também a você, leitor, por aceitar este trabalho que fiz de coração. Boa leitura e como gratidão, desejo que coisas boas te retornem.

Índice

PREFÁCIO

O tema sobre planejamento financeiro parece nunca sair de voga, ao mesmo tempo em que parece causar repulsa nas pessoas, quando são chamadas à pauta para tratarem sobre suas finanças. Recente pesquisa, realizada em abril de 2016, com 182 famílias da cidade de Santa Rosa-RS, evidenciou a necessidade de implantarem-se políticas públicas focadas na educação financeira, pois 62,1% das famílias apresentaram algum tipo de endividamento, sendo que 84,6% tinham dívidas vencidas.

Quando a autora convidou-me para prefaciar esta obra, fiz a leitura do esboço, procurando saber se enquadrava-me para tal responsabilidade. Assim que iniciei a leitura, já percebi que o desenvolvimento do trabalho estava no caminho certo e que o resultado seria uma leitura agradável e de fácil assimilação, pois a obra passeia entre o romance da realidade financeira das famílias e a necessidade de cuidarmos do nosso dinheiro.

Contribuindo para a leitura, ainda temos o formato do livro, de fácil manuseio e com clareza nos capítulos, culminando com a excelente aplicabilidade do Método IOPR, que tangencia essa obra, além da possibilidade de aprender a confeccionar uma planilha financeira com o uso do Excel.

Assim, estimados leitores, convido todos a apreciarem o presente material, que certamente despertará a curiosidade desde o primeiro capítulo, prendendo-os do início ao fim e aprendendo que o correto controle orçamentário familiar poderá ser um divisor de águas nas famílias.

Tenham uma ótima leitura!

Marco Antonio da Costa Malheiros
- Professor e Coordenador do Eixo Tecnológico Gestão e Negócios no Instituto Federal de Educação, Ciência e Tecnologia Farroupilha – Campus Santa Rosa.
- Administrador; Mestre em Administração; Doutorando em Administração.

Certa vez ouvi de uma pessoa que se aproximou de mim, algo que me fez repensar uma série de coisas em minha vida. Embora não me conhecesse, nem soubesse exatamente o que fazia ou quais eram minhas aspirações, ela falou:

- "...Ouça com muita atenção o que lhe direi agora. Neste exato momento não falo por mim, mas te trago uma mensagem importante. Você tem um dom que é um presente especial que lhe foi dado. O seu presente tem a ver com a palavra. Você tem o dom de transformar pela palavra. Justamente por ser um presente muito especial, você tem a responsabilidade de fazer bom uso e não tem o direito de ficar com isso só para você..."

Naquele momento, a mensagem trazida por um praticamente desconhecido, me pegou de forma arrebatadora e me fez sentir muito especial, por ter vindo num momento onde estava aberto a receber aquela mensagem.

Assim também são os livros. Nossas experiências certamente são ímpares e compartilhá-las nos torna de várias formas especiais exatamente porque sempre é possível fazer a diferença ou inspirar alguém a fazer algo grandioso.

Todos temos nossas crenças e certamente, dependendo do que estamos vivenciando, ficamos mais expostos, mais abertos a buscar sentido no que fazemos ou refletir sobre nossos próximos passos. Para algumas culturas, em tempos de prosperidade não se dá tanta importância a planejamento financeiro até que se experimente passar por tempos turbulentos como os que estamos atravessando.

Ao receber o amável pedido da autora, comecei a ler este livro com a visão crítica de um professor e me vi, durante a leitura, tomado por uma mensagem devidamente fundamentada e legitimada pelas experiências vivenciais aqui apresentadas. Afinal, para a transformação, tão importante quanto as palavras são os exemplos.

Nesta obra, a autora, de forma muito especial, nos presenteia com uma mensagem simples, direta e verdadeira, na qual também acredito, vivencio e ensino: apesar das dificuldades, com organização, planejamento, ferramentas adequadas, dedicação e amor é possível. Embora a busca do conhecimento seja parte fundamental do processo, saber como aplicá-lo será determinante para o sucesso.

Uma excelente oportunidade para refletir em família e criar as condições necessárias para a prosperidade.

Ótima leitura!

Fernando Paes Nascimento
- Mestre em Administração e Doutorando em Engenharia, Professor dos cursos MBA da Fundação Getúlio Vargas.
- CEO e Diretor Executivo na NBUSINESS Consultoria e Treinamento em Gestão de Projetos, condecorado Comendador pela Associação Brasileira de Liderança.

Criar é uma arte, mas transformar uma ideia em algo real e vivo, é um talento. Quando a Deise me disse que queria escrever um e-book sobre tudo o que havíamos aprendido com nossas dificuldades financeiras e nossas vitórias, de imediato me senti apreensivo, mas apoiei e não me arrependo. Hoje vendo o resultado do trabalho que fizemos juntos sinto-me orgulhoso.

Persistir, remar contra a correnteza das adversidades e da negatividade das pessoas ao seu redor é algo genial, queria eu não ser tão influenciável ao meio em que vivo.

Conheço a Deise há pelo menos a mesma quantia de anos que a tenho como minha esposa, companheira e amiga. Começamos juntos muitos projetos, caímos algumas vezes, tropeçamos, paramos, refletimos, repensamos e nos reconstruímos muitas vezes neste período que estamos juntos.

Das coisas que eu aprendi, e ainda estou aprendendo, junto com ela, é não desistir dos sonhos, mesmo quando tudo, e digo tudo mesmo, está contrário ao que desejamos, e principalmente a confiar sempre que Deus está olhando nossos passos. Esta é uma de nossas premissas como casal e acreditamos que um casamento é como abrir um negócio, e ser família é muito mais do que ser empreendedor. Eu e a Deise queremos continuar sempre incluindo nossas filhas na construção dos nossos projetos, sonhando e realizando um amanhã mais próspero, nos ajudando a melhorar um ao outro como pessoas, a crescer como profissionais, para acompanhar a constante necessidade de trazer resultados melhores ao nosso Lar.

A história contada aqui não é ficção! É a nossa vida, nossas experiências, nossos erros e nossos acertos. Espero que os exemplos narrados possam inspira-los a realizar também os seus sonhos e que o Método IOPR, que utilizamos em nossa casa, contribua e seja o incentivo necessário para algumas mudanças importantes e que, com certeza, vão mudar a sua realidade financeira, o seu relacionamento familiar e a sua qualidade de vida.

Boa leitura!

Cristiano Kerkhoff Assmann
- Empresário, marido, ilustrador e apoiador.

ABERTURA

Desde que eu era criança minha mãe ensinava, insistentemente, que não devíamos comprar o que não podíamos pagar, ou o que não precisávamos, e se comprássemos algo por capricho teríamos que abrir mão de alguma coisa pela compra feita.

Na adolescência ela me dizia que se eu tivesse uma conta de R$ 50,00 e gastasse R$ 10,00 em outra coisa, no dia de pagar os R$ 50,00 eu só teria R$ 40,00 e ficaria devendo. Confesso que esta foi a lição mais difícil de aprender.

Foi quando me vi pela segunda vez em uma situação de "aperto" financeiro que finalmente ouvi, e entendi, o que minha mãe estava falando. Filha de empreendedores, sempre gostei muito de empreender e para isto os investimentos são necessários, mas sem um planejamento acabamos perdendo dinheiro e fazendo dividas.

Na primeira vez que passei por dificuldades financeiras e fechei uma empresa com dividas, quase impagáveis, contei com a ajuda dos meus pais e o apoio dos meus irmãos, até conhecer meu marido. A partir daí começamos a empreender juntos e tivemos sucesso, sempre contando com o apoio da família.

Planejamos o pagamento de algumas dividas remanescentes, o nosso casamento, o nascimento da nossa primeira filha, investimento na empresa, nossa primeira viagem de férias, o nascimento da nossa segunda filha, compra do carro da família e a expansão dos negócios. Como eu não tinha plano de saúde e tínhamos nosso planejamento familiar definido para dois filhos e em curto espaço de tempo entre um e outro, tivemos que pagar tudo particular e não tinha como prorrogar o prazo, pois os nove meses da gestação são improrrogáveis.

Tudo era colocado em uma planilha e isto nos dava uma visão de quanto íamos gastar e precisávamos economizar e guardar para realizar. Era fácil, simples e dava certo. Nós tínhamos a visão de quanto era preciso, do prazo e do esforço necessário para atingir a meta.

Mas o tempo passou, o trabalho aumentou, e então só eram feitos os lançamentos na planilha sem controle e nem planejamento. As contas pessoais eram misturadas com as do negócio e o caixa começou a falhar. Como para todo mundo, a crise veio e o dinheiro não sobrava mais. Foi então que resolvi resgatar minha velha planilha dos processos de separação.

Quando eu advogava, ajudei alguns casais em processo de separação, por motivos de incompatibilidade financeira, a desistirem do divórcio. Eu explico: Para definir a partilha dos bens e o valor da pensão alimentícia, nós construíamos uma planilha com o que eles tinham, as dívidas que havia e quanto eles ganhavam.

Era um sucesso! Em três encontros o casal percebia que se organizassem as contas e fossem leais com o orçamento financeiro deles poderiam viver melhor e não precisavam se separar. Felizmente não fui contratada para resolver nenhuma separação por infidelidade conjugal, pois eu não saberia como solucionar o caso.

E assim surgiu o Método IOPR. Montamos uma planilha inicial onde é preciso **I**dentificar todas as nossas contas domésticas, depois **O**rganizar por prioridades, para então **P**lanejar como seriam feitos os pagamentos e como guardar uma parte da renda para **R**ealizar alguns sonhos. Deu certo!

Agora vou compartilhar esta experiência para que mais pessoas possam ter a mesma oportunidade de manter as contas em dia e ainda realizar alguns sonhos que pareciam impossíveis porque nunca sobrava dinheiro.

Deise Assmann
Santa Rosa, março de 2015.

1|

Tudo o que você queria saber para ter as contas em dia, mesmo ganhando pouco.

Há algum tempo atrás perguntei para minha mãe como eles – ela e meu pai – faziam o "milagre" de sempre ter dinheiro na carteira mesmo pagando todas as contas em dia. O detalhe é que meus pais raras vezes na vida tiveram uma renda fixa mensal, pois eles eram empreendedores e nunca sabiam quanto teriam em caixa no mês seguinte. Com muita tranquilidade e sabedoria ela me respondeu: "Não gastamos com o que não precisa!".

Isto é verdade, porque eles nunca compram o que não precisa, aliás, eles compram só o que precisa e quando precisa, e mesmo assim só compram quando tem o dinheiro necessário para comprar e ainda, antes de comprar, eles pensam na possibilidade de um dos filhos virem a precisar de dinheiro.

Vejo muitas famílias que se organizam e conseguem realizar projetos incríveis, como a casa própria, carro, viagem, estudos e tantas outras coisas importantes e necessárias. Assim como também vejo muitas famílias que não conseguem se organizar e passam uma vida inteira em função de aluguel, carro financiado, empréstimos bancários, estudos interrompidos e uma insatisfação contínua com o emprego, o trabalho, o casamento, o lugar, o governo e assim por diante, sempre "rolando" os pagamentos, até que algum dia, o rombo fica impagável.

O que chama mais atenção nestes dois tipos de famílias é o estilo de vida que levam. Os que guardam, normalmente não gastam muito com roupas caras, grifes e muita ostentação. Já os que não conseguem guardar, muito raramente usufruem um padrão de vida muito diferente. Engana-se quem pensa que gastam mais aqueles que ostentam mais.

Percebemos claramente que, mesmo não se privando do luxo e de algumas regalias, as pessoas que têm um objetivo para sacrificar algum consumo gastam muito menos do que aqueles que não têm. Planejar a realização de algo é um motivador natural para economizar. Podemos dizer que eu só vou guardar dinheiro se for para gastar em algo, então eu preciso definir no que eu vou gastar, porque de alguma forma, em alguma coisa, eu vou gastar!

E eis que minha mãe já tem esta sabedoria mesmo sem ter estudado economia, contabilidade, psicologia, administração ou a graduação que for. Se ela sabe para qual motivo o dinheiro está sendo guardado, ela vai gastar com o que precisa para realizar aquilo que foi planejado. Óbvio assim.

Mas precisamos ter responsabilidade ao guardar dinheiro para realizar um sonho. Não é válido o dinheiro guardado e a inadimplência nas contas. Quem nunca ouviu aquela piadinha? "olha só o cara lá, viajando e me devendo". Também não seria nada confortável ter dinheiro guardado e a luz cortada por falta de pagamento ou comprar um carro novo sempre com o último mês do aluguel atrasado. É preciso organizar primeiro as contas prioritárias e ter sempre o cuidado com a manutenção do crédito.

2|

Organizar e Planejar... É só começar.

Fazer o planejamento financeiro, a planilha de contas, o controle dos gastos, levantamento do caixa, seja como for que chamamos nosso sistema de organizar nossas finanças, precisamos começar de alguma forma. Seja na mesa da cozinha, na sala, na biblioteca, no escritório ou na varanda. Só recomendo que seja um local onde todos possam estar juntos e que seja confortável.

Não recomendo ao casal organizar o orçamento no quarto, pois é o local de repouso, é para descansar, e para o casal é um ambiente que deve ser preservado para o carinho. Tratar de finanças pode ter efeitos colaterais indesejáveis como discussões, mágoas, algumas acusações, enfim, deixem a cama fora disto, será mais saudável para o relacionamento.

Recomendo também que a tarefa de organizar o orçamento doméstico e fazer o planejamento financeiro envolva toda a família, inclusive as crianças. Pedagogicamente, as crianças a partir dos 03 ou 04 anos já tem a capacidade de entender, mesmo não compreendendo o assunto, mas elas percebem a inserção delas na família. Se você deixar as crianças fora do assunto, elas vão criar o entendimento que o tema não é bom, não é legal, e instintivamente vão desenvolver a defesa de se manter longe de tudo que se relacione a contas. Entenderam agora porque muitos adultos não discutem finanças domésticas?

É saudável também para elas se sentirem inseridas, fazer parte dos assuntos, dos planos. Falar com as crianças sobre a compra de uma casa nova, de uma viagem, de abrir mão de um brinquedo, de uma festa, já vai desenvolvendo o entendimento de que a compra de algo maior exige sacrificar coisas menores e que todos farão a sua parte. Assim, toda vez que elas quiserem comprar algo fora do planejado, você poderá lembrá-las dos planos que fizeram e do que combinaram. Um escândalo a menos no supermercado garantido.

Mas é importante prestar muita atenção. Como eu disse no inicio, a organização do orçamento pode desencadear alguns desentendimentos, rusgas e discussões, e isto não é legal para as crianças. Recomendo então que o primeiro passo seja feito sem elas, mas não com a exclusão delas, ou seja, as crianças nem tomam conhecimento desta primeira fase e só depois de tudo esclarecido e pré-definido começam a participar do planejamento.

Não se constranjam se neste primeiro momento for preciso o apoio de um mediador, um contador, um economista, um terapeuta, um *coaching*, um mentor, um psicólogo ou um pastor. Usem do que for preciso, mas cuidem do dinheiro de vocês e façam isto todos juntos.

Cadê o dinheiro que estava aqui? O amor sumiu!

Já ouvi muitas vezes a afirmação de que "quando o dinheiro saiu pela porta, o amor pulou pela janela" e afirmo: Esta premissa não é verdadeira!

Tive a felicidade de crescer em um lar onde o compromisso e o amor eram verdadeiros. Meus pais passaram por muitas crises. Crises de desemprego, crise de doença na família, crise de tragédias com mortes, crises econômicas, crise nos negócios, crise familiar... Houve discussões sim, poucas, considerando o tamanho do caos que cada crise trazia para a família, mas o nível de estresse do meu pai era compreensível e minha mãe nunca desistiu, nem dele, nem do trabalho, nem da vida. Eles enfrentavam juntos, se uniam, se organizavam e trabalhavam.

Foi este o aprendizado que eu tive de casa sobre como enfrentar crises e felizmente tenho hoje um marido que tem esta mesma compreensão sobre compromisso e amor. Isto vem de casa, da criação dos pais, do exemplo. São valores que se constroem em família.

Todos sofrem, isto precisa estar bem claro e compreendido no momento de enfrentar uma crise e mudar hábitos de consumo e padrão de vida. O que se observa é que algumas pessoas transparecem mais o sofrimento do que outras e de formas diferentes. Homens e mulheres são naturalmente diferentes e cada ser humano tem uma estrutura emocional singular.

Terapeutas de casais afirmam que, enquanto para a mulher, se estiver tudo bem haverá sexo, para os homens, se houver sexo estará tudo bem. Mas não é só a vida sexual que precisa estar bem, é toda a convivência familiar, social e profissional. Só precisamos encontrar o equilíbrio para que a harmonia se reestabeleça. O orçamento organizado e o planejamento definido darão a mulher a segurança de que tudo está em ordem e vai dar certo e o homem, por sua vez, ficará feliz com os resultados.

Depressão, confusão, compulsão são só algumas das doenças emocionais que atingem as pessoas diante da impossibilidade de manter suas contas em dia. O sentimento de impotência, de incapacidade de prover o sustento próprio e da família, a dependência financeira, nos leva a uma carência de consumo. Dizem que mulheres são mais propensas ao consumismo do que os homens e que acabam comprando muitas vezes para suprir outras ausências. Eu acredito que seja a falta do objetivo, de um plano no que gastar, e tanto homens como mulheres vão gastar o que ganham em alguma coisa, e se não sabem quanto ganham de verdade, tanto um como o outro, vão gastar mais do que podem. Ainda, o pior que não saberem o que ganham, é gastarem sem saber onde e quanto gastam.

Convivemos também com uma mudança de cultura em relação à participação do casal no sustento da casa. Até hoje a dependência financeira da esposa era um fator de poder do homem e esta realidade está mudando. Muitas famílias convivem hoje com uma situação inversa, onde a esposa ganha mais do que o marido e procuram formas de amenizar o impacto que isto causa nos relacionamentos. Eu e meu marido não temos uma renda certa todo mês, como somos empresários nossa receita varia de acordo com nossa produção e algumas vezes o meu trabalho rende mais do que o dele. O que acontece aqui é que não existe o "meu" e o "teu" e sim o "nosso". A receita, seja de quem for, é somada e distribuída para a realização daquilo que projetamos juntos. Aprendemos assim, é natural, sem preconceitos, opressões e depressões.

Da mesma forma que nossa receita é instável nossas despesas também não são sempre tão exatas. Eu tenho meus gastos pessoais e ele os dele e acabamos muitas vezes consumindo algo que não estava na lista do supermercado, na previsão de compra de um artigo de bazar ou uma cerveja com os amigos sem programação. Mas a gente prevê a possibilidade destes pequenos gastos e não temos discussões quando isto acontece.

A hora de organizar o orçamento familiar não é o momento de apurar de quem é a culpa nos gastos. Se não havia nada definido, ou nada havia sido combinado, não existe um desvio e não há culpados. Simplesmente não existe com o que se preocupar, uma meta a atingir, um compromisso a cumprir. E nestes casos sim, se não há comprometimento e parceria, cada um vai tomar seu rumo quando a crise apertar, afinal não vai existir nada a ser alcançado em comum.

A partir do momento em que houver um pacto firmado para a organização do orçamento doméstico e o planejamento financeiro estiver definido, sejam fieis ao combinado em família. A infidelidade financeira é uma das principais causas de separações conjugais e, em alguns casos, até de violência doméstica.

Mas se mesmo assim o relacionamento não resistir e a opção for cada um seguir seu caminho, recomece a nova fase com as coisas organizadas, orçamento em dia, planejamento definido, planos traçados e metas a atingir. Não vai ser fácil, isto é certo, mas as mudanças devem ser valiosas no futuro.

E agora? Por onde começar?

Sabemos que temos contas que são prioridades e não podem ser mudadas. Nosso orçamento começa com algumas contas obrigatórias e essenciais para a nossa sobrevivência. Vamos a elas, começando com a nossa organização e planejamento financeiro.

1ª conta obrigatória – ENERGIA ELÉTRICA: Não temos como ficar sem e não temos como não pagar. O que podemos fazer em relação a este gasto é adotar alternativas para economizar e desenvolver um comportamento de sustentabilidade, que é positivo e trazem resultados a médio e longo prazo para todos.

2ª conta obrigatória – ÁGUA E SANEAMENTO: Igualmente não temos como ficar sem e não podemos deixar de pagar. No caso da água o uso exige muito mais cuidado e zelo, pois ela é um bem que não se produz pela ação do homem, é um recurso natural e precisa ser usado com consciência. Assim, a adoção de medidas sustentáveis para economizar no consumo vai refletir no seu bolso e no meio ambiente.

3ª conta obrigatória – SUPERMERCADO: Ninguém sobrevive sem comer e boa parte da nossa alimentação tem um custo. O que podemos fazer aqui é buscar fornecedores com custos mais acessíveis e quem sabe até produzir algumas hortaliças e frutas além de preparar em casa pães, bolos, biscoitos e outras receitas, mas com atenção porque muitas vezes o barato sai mais caro. Não precisamos nos privar de comer o que gostamos, só temos que reduzir o custo, diminuir as porções, aproveitar melhor. Um detalhe importante: fuja do "caderninho" do mercado do bairro. Não crie mais uma dívida.

4ª conta obrigatória – FARMÁCIA: Não se enganem e se preparem. Todos ficamos doentes e precisamos de remédios para o tratamento necessário. Podemos até tomar alguns cuidados para evitar a incidência ou a recorrências de resfriados, gripes, sinusites, lesões, enxaquecas e outras ocorrências que exigem o uso de medicamentos, mas não podemos correr o risco de não termos condições de seguir um tratamento médico. E com crianças os gastos são inevitáveis. Faça uma reserva, mesmo que não vá gastar agora, deixe guardado.

5ª conta obrigatória – MORADIA: Quem mora de aluguel ou paga a prestação da casa própria tem uma conta essencial que não pode ficar sem pagamento. Quem já é dono da sua casa ou não depende de aluguel, não está livre desta conta obrigatória, pois deve reservar mensalmente um valor como recurso para manutenção da moradia. Quem nunca precisou trocar um chuveiro que queimou, uma lâmpada, uma torneira ou o encanamento, arrumar o telhado depois de um vendaval ou uma chuva de granizo, consertar uma fechadura, um portão eletrônico, uma janela quebrada?

OUTRAS DESPESAS: O telefone e a internet hoje não são mais itens de luxo, são de necessidade. Por necessidade ou por luxo, o fato é que não podemos mais ficar desconectados. Já tive experiências desagradáveis com operadoras de telefonia fixa e móvel e recomendo pesquisar e esclarecer todas as dúvidas antes de contratar um serviço.

Bem, com estas primeiras contas obrigatórias comece a organizar o seu orçamento. Some a sua receita e desconte os custos das suas contas obrigatórias. Simples assim. O saldo restante dos seus rendimentos você vai poder prever o pagamento de outras despesas como transporte, impostos, vestuário, educação, lazer, investimentos, previdência, e não esqueça da reserva para uma poupança. Muita coisa né? Então, cautela nos gastos para não acontecer de faltar dinheiro no final do mês.

E não esqueça: As crianças também fazem parte do grupo familiar e as exceções podem comprometer o planejado. Um salgadinho, um doce, um brinquedo, qualquer coisa que fuja do orçamento. Seja firme ao dizer não para as coisas desnecessárias, mas seja claro ao explicar o porquê e o que este "não" vai permitir realizar. Isto vai promover um aprendizado para todos.

5|

Quem visualiza, realiza!

Tem um ditado que diz: "o que não é visto não é lembrado". Acredito que isto seja verdadeiro.

Várias pessoas fazem uma lista dos desejos a cada virada de ano, certo? Você também deve fazer. Dizem que quando a gente escreve o que deseja alcançar, determinamos uma meta e neste momento enviamos para nosso cérebro um comando do que queremos e inconscientemente ele começa a trabalhar para que isto seja satisfeito. Mas se você guardar esta lista e só revê-la no final do ano que passou, sem ter se movimentado para a realização do que desejava, seu cérebro vai enviar uma resposta de frustração, insatisfação e descrença. Não esqueça, o seu cérebro só pensa, não age, então a ação deve ser do seu corpo.

Foi exatamente o que aconteceu comigo. Desde que eu e meu marido nos conhecemos iniciávamos o ano fazendo uma lista de coisas que queríamos realizar até o próximo réveillon. Todos os dias esta lista estava ao alcance de nossas mãos e tínhamos a possibilidade de visualizar o que faltava fazer para atingir o objetivo. Por alguma razão que nem percebemos, perdemos este hábito e durante um tempo a lista ficou em uma gaveta, esquecida. O resultado foi que não houve resultado.

Existe uma técnica conhecida como a "Roda da Fortuna" que consiste em desenhar em um círculo as áreas da sua vida em que deseja prosperar, e você deve sempre olhar este desenho até realizar todos os objetivos e, crença ou não, recomenda que você seja discreto e os mantenha em privacidade, evitando falar muito sobre os seus planos. Talvez como uma forma de se preservar. Assim, se você demorar para realizar algo não haverá cobranças, se você mudar de ideia não haverá perguntas e se você resolver não realizar alguma coisa não haverá descrédito na sua capacidade de alcançar metas. Mas se você preferir divulgar seus planos e compartilhar seus desejos, mantenha o foco, tenha fé e vá em frente. Com certeza muitas pessoas próximas estarão torcendo pelo seu sucesso.

Antes ainda do nosso casamento, ganhei de presente do meu marido, um quadro com imagens representando todos os nossos sonhos a serem realizados. Lá estão ilustrados nossos desejos em comum, que são o casamento, filhos, nossa casa, empresa, carro dos sonhos, férias, Disney, dinheiro, e até um helicóptero, entre outras coisas que pretendemos alcançar nos próximos anos. Se realizarmos um dos objetivos planejados por ano, temos metas para 30 anos sem perder o foco. Mas me perguntam: Você acha que todos são possíveis? Respondo: Claro que sim! Se eles foram planejados, serão realizados, custe o quanto custar e leve o tempo que levar. Falando em tempo, imaginem que a fixação de metas pelo casal, de forma conjunta, remete ao longo prazo, contribuindo para o prolongamento da união.

Outra coisa que fizemos foi quando definimos a reforma da nossa casa. Depois de quita-la nossa meta seria reformar, mudar sua aparência externa e alguma coisa interna, aumentar para dar mais conforto para nossas filhas, que vão crescer, vão se movimentar e movimentar a casa, enfim, mudanças precisam acontecer.

Para visualizar nosso objetivo comum, desenhamos a planta de como vai ficar, onde vai ser a porta de entrada, como vão ser as janelas, a garagem, como vai ficar o quarto das meninas, a cor, a calçada, o jardim. Até chegar ao desenho exato do desejo dos dois, conversamos muito, mudamos detalhes, redesenhamos, conversamos de novo, pesquisamos, comparamos e finalmente imprimimos o layout de como ela vai ficar quando estiver pronta.

Sabemos que temos um longo caminho a ser percorrido e que o custo é alto e precisamos fazer sacrifícios para atingir nossa meta. Mas no momento que visualizamos onde vamos chegar com o esforço que estamos fazendo e temos o compromisso assumido, dificilmente este caminho será penoso, cansativo, doloroso ou inatingível.

Eu prefiro expor meus projetos para a família, assim todos têm conhecimento do esforço que estamos empreendendo para alcançar algo maior, e sendo algo saudável, bom e necessário, teremos o apoio e compreensão dos nossos pais, irmãos, sogros, tios, e de certa forma todos participam da realização disto. Vou dar um exemplo: Quando seus irmãos, e até seus amigos, sabem que você está economizando e guardando dinheiro para comprar a sua casa, não vão comprometer você com despesas desnecessárias, vão entender o seu não para algum convite, compra de cartões ou ingressos, e coisas do tipo.

 Da mesma forma seus pais vão de alguma forma apoiar para que esta meta seja alcançada, seja dividindo pequenas despesas com as crianças, auxiliando nos cuidados quando a creche estiver fechada para dispensar o custo da babá, compartilhando refeições, já que em casa de mãe onde comem dois comem quatro, cinco ou dez, dando presentes necessários nos aniversários mesmo que não tenha festa. Estes pequenos detalhes são muito significativos no resultado final a ser alcançado.

Ter um projeto e saber quanto vai custar e quanto tempo vai levar para que aconteça nos dá a motivação e a segurança que precisamos para realiza-lo. E o melhor é conseguirmos fazer isto sem abrir mão um passeio

com os filhos, um jantar com a família, e a tranquilidade
de ter uma reserva no caso de surgir uma emergência
ou até mesmo uma oportunidade.

Capítulo

6|

Seja Empreendedor.

Tudo o que pretendemos realizar exige **força** de **vontade** = 90% força + 10% vontade, ou seja, não adianta ter vontade e não empreender esforço para realizar o que é necessário.

Meu avô materno dizia, quando eu era criança ainda, que se eu quisesse alguma coisa teria que me virar para conseguir porque do céu só cai chuva, granizo e raramente um avião, e quando cai granizo é prejuízo e avião é tragédia. Então não podemos esperar que nossas contas se organizem sozinhas, que nossa renda melhore sem fazermos nada, que nossas contas sejam pagas por forças ocultas, que nossos sonhos simplesmente aconteçam.

Eu acredito que tudo que lançamos ao universo, que seja em palavras, em pensamentos ou em ações, nos retorna com a mesma intensidade, ou mais, em algum momento da nossa vida. É o nosso esforço que vai determinar o tempo para que este retorno aconteça.

Ser empreendedor na organização das nossas contas e no nosso planejamento financeiro é extremamente necessário. Precisamos definir o que queremos e para o que queremos, vamos ter uma meta a ser alcançada e isto vai exigir que sejamos sempre organizados, motivados, comprometidos, atualizados e focados. Um empreendedor bem sucedido nos negócios é exatamente assim. A diferença de um empreendedor nos negócios para o planejamento financeiro doméstico é que o empreendedor tem que organizar uma empresa, que envolve diretamente outras empresas e outras pessoas, que dependem das suas ações, já o empreendedor doméstico, faz o planejamento do seu orçamento familiar e suas ações resultam diretamente em si e sua família.

Defina uma meta e coloque a mão na massa. Tenha SMART no seu planejamento financeiro. Seja especifico no que quer alcançar, tenha o valor inicial definido, pense em algo possível, que possa ser realizado e determine o tempo que vai levar para atingir sua meta.

Os lançamentos financeiros em uma planilha, ou caderninho, devem ser feitos diariamente. Tudo que você recebeu deve ser anotado e somado nas entradas e tudo o que gastou, por mais insignificante que tenha sido o valor, deve ser anotado e somado nas despesas.

Se você começar a ignorar os gastos pequenos, ou deixar para fazer os lançamentos depois, aos poucos o comportamento de "deixar pra lá", ou "depois eu vejo", vai minar o seu controle financeiro e a tendência é que ele seja abandonado colocando em cheque toda a estratégia de economizar e guardar para realizar sonhos. Com isto você volta à costumeira rotina de ganhar o suficiente para pagar as contas e vem aquela conhecida sensação de insatisfação porque nunca sobra dinheiro.

E não sobra mesmo, porque diariamente gastamos com alguma coisa e para sermos bem sucedidos no empreendimento de economizar e guardar para realizar um sonho, precisamos manter o foco, ser persistentes, vencer os desafios, inovar com alternativas para economizar, aprender sempre sobre finanças, visitar o banco regularmente, ensinar os filhos e tomar decisões em grupo.

7

Foco, Força e Fé.

Manter as contas em dia é como andar de montanha russa com a nossa economia atual. Vivemos uma série de incertezas, mudanças econômicas, com muitos altos e baixos. Por isso, ter uma reserva e um planejamento financeiro é extremamente valioso.

Para tornar as coisas um pouco mais difíceis somos constantemente bombardeados com anúncios, promoções, liquidações, lançamentos, eventos e o famoso "condi" de amigas vendedoras entusiasmadas e cheias de boa vontade, que te convidam a gastar. Preste atenção! Você tem um planejamento com a sua família, então não traia isto, seja fiel, custe o que custar e o resultado será muito mais satisfatório do que o prazer momentâneo de ter feito uma compra ao acaso. Preveja no seu orçamento um valor para compras extras e respeite o limite estabelecido, assim o risco de não cumprir com o acordo financeiro estabelecido em família é praticamente nulo.

Eu e meu marido tivemos que mudar nosso planejamento por várias vezes e já sabemos que isto vai acontecer sempre. Entenda que nem sempre sairá tudo como você espera e é preciso estar sempre pronto para mudar os planos de acordo com as mudanças externas. Cometemos erros também, optamos por coisas erradas, no momento errado e de forma errada. Errar não é o problema, mas custa caro quando se trata de gastar com o desnecessário. Por outro lado é uma oportunidade de aprender, então procurem identificar o que levou ao erro, conversem sobre o que aconteceu, promovam as mudanças necessárias para não errar novamente, informem-se, aprendam como é o jeito certo de guardar, investir, aplicar, poupar.

O importante é manter o foco no objetivo, mesmo mudando o planejamento. Se você está construindo sua casa e o preço do cimento subiu, você vai mudar o prazo de conclusão da obra, mas não o objetivo de construir a sua casa. Se você quer viajar nas férias e o dólar está muito alto, você vai mudar o roteiro ou a data, mas não o objetivo de viajar nas férias. Não percam o foco, mesmo mudando alguns detalhes no planejamento.

Fazer economia não é uma tarefa fácil. Precisamos comer, nos vestir, nos deslocar, estudar, cuidar da aparência, da saúde, sustentar nosso padrão de vida. Manter o controle das contas de tudo que precisamos para nos manter é uma tarefa que exige tempo, disciplina e organização e isto demanda esforço, força de vontade. Só de pensar em registrar todos os movimentos financeiros que fazemos já queremos desistir da tarefa e acabamos não fazendo nem orçamento, nem controle e muito menos economia.

Não desista! Seja fiel ao seu sonho, ao compromisso assumido com sua família. Confie que com o tempo você vai se acostumar tanto com a segurança de ter tudo organizado que a tarefa chata e cansativa de cuidar das contas vai ser uma rotina tão natural quanto uma refeição.

8|

Ensinem as crianças de onde vem o dinheiro e como ele deve ser usado.

Não sou a favor da mesada! Acho que as crianças precisam entender e compreender que o dinheiro é um pagamento pelo trabalho que foi realizado e sou contra remunerar uma criança pelo cumprimento das tarefas domésticas ou pelo bom comportamento.

Já li vários textos, artigos, resenhas de congressos e livros sobre o assunto, com muitas dicas de como ensinar as crianças a lidar com o dinheiro e muitos indicam que a criança deve receber uma mesada, sob o argumento de que com isto elas aprenderão desde cedo como administrar o dinheiro delas.

Mas o dinheiro não é delas! No meu ponto de vista é importante que a criança saiba que a renda é dos pais e ela existe porque eles se dedicam a um trabalho. Esta renda é fruto de uma responsabilidade e não é ganha só por ganhar. Dando uma mesada a nossos filhos vamos condiciona-los a receber dinheiro simplesmente por receber e com isto estamos criando um hábito que pode ser danoso no futuro deles. Como ele vai enfrentar uma dificuldade quando não existir mais a "mesada"? Adulto, ele estará sujeito ao desemprego, a crises nos negócios e outras dificuldades que nem temos como prever hoje.

Isto é muito diferente do que proponho no inicio, quando afirmo que todos devem participar do planejamento financeiro, inclusive as crianças. Na ideia de fazer com que as crianças participem da organização do orçamento e do planejamento financeiro é importante que elas saibam que o dinheiro é dos pais, mesmo que nas decisões do que fazer com ele sejam consideradas as necessidades das crianças.

Eu lembro que meus pais tinham uma poupança para os filhos, lembro até que tínhamos uma caderneta e cada depósito era anotado e o saldo atualizado era registrado. Minha mãe até nos levava junto ao banco quando era o dia de depositar e nos mostrava quanto já tínhamos guardado. Não me lembro de ter a crença de que aquele dinheiro era meu. Eu sabia que era do trabalho da minha mãe e estava sendo guardado para algo no futuro, que eu, minha irmã ou meu irmão pudéssemos precisar. Mas aconteceu que esta poupança foi apropriada pelo Banco, ou pelo Governo, não lembro direito, então, de um dia para o outro, a economia da minha mãe simplesmente não nos pertencia mais. Como criança, não me senti lesada, triste ou inconformada por ter um sonho frustrado e continuei crescendo feliz, enquanto minha mãe e meu pai, adultos e preparados, se organizavam e administravam esta frustração.

Eu tenho pra mim (posso estar muito enganada), mas a ideia de incentivar a mesada surgiu de uma "inovação" comercial há alguns anos atrás. Lembro-me de um curso de marketing e vendas que fiz há uns 10 anos atrás em que o especialista nos alertou para termos foco nas crianças, que o público que mais consumiria seria o público infantil. Bingo! Por isso as crianças precisam de uma mesada! Mas será que elas têm a maturidade necessária para fazer a gestão do que é realmente necessário? Será que não estamos incentivando o consumismo e criando acumuladores? Ou pior, não estamos criando indivíduos acomodados e condicionados a receber dinheiro sem a responsabilidade do esforço para gerar este dinheiro? Será que este hábito não estará levando seu filho a achar normal receber um benefício por não fazer nada?

Dar uma mesada, com um valor determinado, sendo por pagamento ao cumprimento de pequenas tarefas domésticas ou retribuição pelo bom comportamento, a meu ver, é danoso para a formação de um indivíduo responsável, comprometido, produtivo, empreendedor e honesto. Tarefas domésticas fazem parte do dia-a-dia e devem ser realizadas por todos para manter a casa limpa e organizada, e bom comportamento remunerado não me parece ser muito coerente.

Em nossa casa temos o "cofrinho" das meninas, que pela segunda vez estamos enchendo com moedas de todos os valores. As moedas não são delas, são da família e são tratadas como "capital de investidores", ou seja, são moedas que as meninas ganham como um presente, seja dos pais ou dos avós, e serão utilizadas para investir em algo.

Há poucos dias atrás me dei conta de um grave erro que cometemos. A mais nova, com 03 aninhos, gosta muito de brincar com as moedas tirando todas da latinha e recolocando uma a uma pela abertura, só pelo prazer de manusear as moedas e ouvir o barulho delas na lata. A mais velha, com 05 anos, já não tem esta vontade e quando ganha uma moeda coloca no cofrinho e pronto, com muita naturalidade e tranquilidade. Como todo pai e toda mãe queremos impedir nossa bebê de brincar com moedas, por vários motivos e razões, sendo o primeiro, que dinheiro não é brinquedo e basta um descuido para uma moeda se tornar algo extremamente perigoso e letal, e segundo, que dinheiro é algo que circula por muitos lugares e nunca é lavado, ou seja, a nossa filha ouvia toda vez que o dinheiro é sujo. Paramos tudo! Não é a nossa intenção ensinar à nossa filha que o dinheiro não é bom, é sujo, é feio e não devemos pegar. O correto é ensinarmos a ela que devemos lavar bem as mãos e ter cuidados com a higiene e a saúde. Explicamos para as duas que o dinheiro precisa ser guardado no cofrinho, que precisa ficar no lugar dele, que não é um brinquedo e que depois de guardar devemos lavar as mãos e nunca colocar moedas na boca.

Outra coisa importante que descobrimos e indicamos é explicar para as crianças o quanto precisamos trabalhar para termos dinheiro. As nossas filhas querem as coisas, como qualquer outra criança, mas elas sabem que a mamãe e o papai precisam trabalhar todos os dias e algumas vezes à noite para termos o dinheiro do supermercado, para comprar roupas, para ter luz e água em casa. Elas também já sabem que os brinquedos têm um preço e foram comprados, tiveram que ser pagos e aquele dinheiro já foi gasto, então se o brinquedo estragar não tem como comprar outro. Isto vale para os presentes que elas ganharam dos avós, dos tios, dos "dindos"... No supermercado, padaria, farmácia ou lojas elas também querem comprar as coisas, então procuramos explicar que o dinheiro que temos é para comprar o que precisamos e para comprar o que elas querem vamos precisar trabalhar mais. Este foi um dos argumentos que nos ajudou bastante também na aceitação de que eu precisava sair para trabalhar e o choro foi substituído por um beijo e um "bom trabalho mamãe".

Não encontrei nenhuma indicação totalmente segura e definitiva de qual a melhor idade para iniciarmos o aprendizado das crianças sobre a gestão financeira, mas como falei anteriormente, as crianças entre 03 e 04 anos já tem a capacidade de entender a inclusão delas nos assuntos importantes da família, então, desde esta idade estamos ensinando nossos filhos a cuidar das finanças.

Associado a esta percepção, que será natural a elas por terem convivido com este hábito, aprenderão mais na escola, pois já temos a inclusão de atividades pedagógicas sobre gestão financeira no período da segunda infância, que inicia lá pelo 5º ou 6ª ano do ensino fundamental. As crianças estão aprendendo em sala de aula como lidar com o dinheiro. Além da matemática, que já vem desde a alfabetização, outras disciplinas abordam o tema, como Geografia, onde eles passam a ter acesso a informações sobre as condições econômicas do país, aprendendo sobre o PIB (Produto Interno Bruto) e blocos econômicos e História, onde aprendem sobre as mudanças da moeda, reflexos das crises políticas e econômicas. Também em Sociologia quando aprendem algumas noções básicas sobre contas públicas, arrecadação e responsabilidade social, e nas aulas de Biologia, onde entre informações sobre a flora e a fauna, ainda desenvolvem muito conhecimento sobre sustentabilidade.

Estamos no caminho certo. Com certeza as crianças que têm este aprendizado hoje terão uma relação muito mais saudável e equilibrada com o dinheiro e as contas no futuro.

9|

Seja benevolente e pratique a caridade.

Desde pequena escuto um ditado Bíblico de que devemos doar 10% de tudo o que temos, como o pagamento do dizimo. Eu concordo com esta prática, mas nem sempre podemos cumprir a risca este parâmetro.

Fui pesquisar para não blasfemar e dizer inverdades. Descobri que, felizmente, não preciso dar em dizimo somente o que tenho em dinheiro, mas posso dar em ações, em tempo, em conhecimento. Isto me deixou muito feliz. A Bíblia diz em Deuterenômio 16:17: "Cada qual oferecerá conforme puder, conforme a bênção que o Senhor teu Deus lhe houver dado."

Se hoje o que eu ganho como rendimentos é o suficiente somente para sustentar as despesas de manutenção da casa e da família e não posso dispor de 0,1% ou de 10% para contribuir com a minha igreja, posso talvez dedicar 10% do meu dia para algum tipo de caridade que vai beneficiar alguém ou a comunidade.

Sempre recebemos convites para ajudar alguém que precisa e sempre ajudaremos. Quando conheci meu marido, uma das coisas que me encantou nele era a paixão pelo Rotary, e nossa cidade tem uma característica muito marcante que é justamente esta, de ser solidária. Sempre está acontecendo algo em beneficio de alguma entidade. Jantares, almoços, bailes e uma série de eventos em que a renda é doada a APAE, ao Hospital, a uma escola especial, a um abrigo, uma igreja ou uma comunidade. Sempre participamos de alguma forma, seja na compra de cartões, na doação de algum patrocínio ou como voluntários.

Há poucos dias, estudando sobre o assunto, vi um *post* da Bel Pesce[1] com a dica do dia do Caderninho da Bel, com uma frase que eu gosto e confio muito: "Quanto

---

[1] **Bel Pesce é** uma jovem empreendedora considerada uma das "100 pessoas mais influentes do Brasil" pela Revista Época, eleita um dos "30 jovens mais promissores do Brasil" pela Revista Forbes, e entrou na seleta lista dos "10 líderes brasileiros mais admirados pelos jovens" pela Cia de Talentos. http://belpesce.com.br/

mais você ajuda, mais é ajudado". Isto é verdade! Lembram-se do que falei sobre tudo que lançamos ao universo nos retorna de alguma forma com a mesma intensidade ou mais? Eu acredito nisto e procuro praticar diariamente.

Mas contribuir com nossa igreja, com a manutenção do espaço construído para nos acolher e celebrar nossos momentos de fé, de busca de alento, de sacramentar nossa religiosidade também é necessário. Então mesmo que não seja 10%, sempre contribuímos com algum valor em pagamento ao dizimo, e assim fazemos o que nos faz bem e damos com alegria, não para agradar ou para satisfazer uma regra, mas porque acreditamos que o que damos com o coração aberto e com a alma pura vai retornar com a benção de Deus. A Bíblia diz em 2 Coríntios 9:7: "Cada um contribua segundo propôs no seu coração; não com tristeza, nem por constrangimento; porque Deus ama ao que dá com alegria."

Mas eu tenho uma observação a fazer. Antes de ser benevolente e caridoso com os necessitados da sociedade, verifique se dentro da sua casa não há alguém precisando dos seus 10% de renda, de tempo, de mantimentos, de atenção. Como você se sentiria se seu irmão, estando bem e gozando de boas condições financeiras e sociais ignorasse sua dificuldade e estendesse a mão primeiro ao desconhecido? Isto seria ser benevolente?

Minha mãe sempre me alerta quando percebe que estamos nos envolvendo mais com os assuntos de fora de casa do que com os de dentro de casa, e isto acontece muito. Uma das coisas que causa mais satisfação nas pessoas é a sensação de poder. Ter a possibilidade de dar dinheiro a alguém proporciona a impressão de riqueza e é exatamente isto que fazemos, mesmo que sem consciência.

O melhor que temos a fazer é nos organizarmos para poder retribuir de alguma forma a graça de podermos prover. Eu agradeço a Deus todos os dias a saúde de minhas filhas, e uma forma de retribuir a esta graça é ajudar muitas vezes um pai ou uma mãe que precisa de ajuda para cuidar de um filho que precisa de um medicamento, de cuidados, de um serviço. A prática da solidariedade nos faz sentir melhor, deixando um legado de riqueza e ensinando aos nossos filhos como é possível fazer a nossa parte para melhorar a vida de outras pessoas, agindo com DEUS em nosso coração.

10|

Na planilha eletrônica ou no caderno.

Se você tem acesso e facilidade para trabalhar com uma planilha eletrônica no computador, tablete, mobile ou outro equipamento, fica mais fácil. Inserindo as fórmulas para que os cálculos sejam automáticos, vai ser mais rápido e menos trabalhoso manter as contas organizadas. Mas, mesmo usando papel e caneta, que vai tomar um pouco mais de tempo para os lançamentos, cálculos, registros e analises, o importante é você poder visualizar os resultados dos lançamentos.

Só de pensar em toda essa "trabalheira" já queremos desistir não é? E é o que normalmente fazemos, desistimos. Mas para termos sucesso na nossa organização financeira não podemos deixar esta tarefa de lado.

Eu mesma comecei várias vezes, vários tipos de planilhas e sempre acabava desistindo, abandonando e esquecendo os controles financeiros. Confesso que demorei mais do que deveria até criar o hábito que não abandono mais, e hoje eu gosto desta segurança.

Saber quais são os nossos compromissos, quanto é necessário para saldá-los e quanto conseguimos gerar de renda com nosso trabalho e nossas fontes de renda nos dá conforto, segurança e a certeza de que vamos conseguir superar a crise e nada vai faltar para nossa família.

Mas não se iludam como eu me iludia toda vez que adotava uma planilha para anotar todos os meus gastos. Eu também simplesmente não sabia o que fazer com aquela informação e tudo o que eu conseguia era acumular a frustração de não conseguir realizar nada porque tinha a crença de que ganhava pouco.

Foi só depois de ajudar meu primeiro cliente em um processo de separação que me dei conta que estava fazendo tudo errado. Não era possível concluir nada com aqueles registros, além de perceber que se gastava demais com esta ou aquela conta. E era exatamente isto que estava acontecendo com minha tentativa de descobrir quanto o meu cliente poderia pagar de pensão para a esposa e os filhos com o que ele ganhava mensalmente. A solução foi uma planilha que eu havia montado para uma colega alguns anos antes, quando ela queria a todo custo economizar o dinheiro necessário para comprar uma das escolas da rede onde trabalhávamos.

E então deu certo. Usando a planilha que eu chamo de Método IOPR conseguimos visualizar quanto realmente era a receita e quanto desta receita já estava comprometida com contas que não tem como mudar. Depois foi fácil organizar o que seria destinado para a pensão, para pagar dividas e até para guardar na poupança para uma emergência. O resultado disto foi que o casal desistiu da separação e recomeçaram fazendo planos. Eles não usaram uma planilha no Excel, mas aprenderam a montar ela com a que eu fiz nas nossas reuniões e imprimimos. A partir dali foi com um caderno mesmo e deu certo porque vejo eles até hoje juntos e com os filhos estudando, compraram um carro novo, mudaram de casa, enfim, os planos estão sendo realizados.

11|

Se precisar, desapegue!

Uma das coisas mais difíceis de conseguir realizar é pagar contas quando o dinheiro começa a terminar, sobretudo com altos juros.

Eu vi o sofrimento do meu pai quando teve que vender a caminhonete com a qual ele fez sua vida profissional.

Não era só pelo apego na F100 laranja, mas pela necessidade, já que ela era a ferramenta de trabalho dele.

Com dividas acumuladas dos investimentos feitos nos negócios, inflação desenfreada, crise econômica nacional, mudança de moeda, descapitalizado e os juros extremamente altos, não havia outra alternativa senão a de vender um bem para quitar as contas que estavam se tornando perigosamente impagáveis.

Mas o problema não era este na verdade. Haviam cinco veículos disponíveis para venda e o valor seria suficiente para resolver todos os problemas, mas ninguém estava interessado nos outros veículos. O único bem que interessava era justamente aquele que ele não tinha interesse em vender. Foi inevitável e até hoje quando eu vejo aquela F100 laranja circulando pela cidade me lembro da decisão mais difícil que meus pais tomaram juntos para sair de uma crise financeira.

E a mesma coisa aconteceu comigo. Uma das minhas maiores conquistas foi a quitação da casa própria. Sempre contei com a ajuda dos meus pais e depois com o apoio do meu marido. Comemoramos o recebimento da Carta de Anuência para a retirada do registro da hipoteca e já tínhamos o projeto de uma reforma pronto. Mas a crise econômica atingiu os negócios, reduziu os rendimentos e a necessidade de inovar e investir nos levou a tomar a nossa primeira decisão difícil: Vender a casa.

Na verdade esta proposta veio dos meus pais. Já experientes em enfrentar situações como a que se anunciava para nós, foram categóricos ao sugerir a melhor solução para o problema.

Teríamos outras opções? Sim, da mesma forma que meus pais tiveram quando a crise era deles e tinham outros carros para vender, mas infelizmente a única coisa que interessa aos possíveis compradores hoje e seria facilmente vendida é a casa.

Mas porque não pegar um empréstimo? Em toda a minha vida eu tive dois empréstimos bancários, um foi o financiamento habitacional da nossa casa, e outro foi um empréstimo do tipo CDC, que levou a outro empréstimo e depois, para ser quitado, precisou de um empréstimo de terceiro. Assim, considerando esta experiência, pretendo não ter outro se for evitável. Ademais, nossa planilha já nos mostrou que não suportaríamos assumir uma prestação mensal sem correr o risco de atrasos nos pagamentos e isto só acarretaria em juros e multas, o que tornaria o compromisso mais pesado.

Vender a casa que temos nos possibilita pagar as contas remanescentes dos negócios, dos novos investimentos e ainda a compra de um imóvel mais barato. Então, por que manter algo por apego se podemos nos libertar de uma série de desconfortos, sofrimentos e ir melhorando aos poucos sem correr riscos desnecessários?

Sem dívidas, com as contas em dia e tendo o retorno que o investimento vai nos trazer, uma casa menor pode ser reformada e o imóvel valorizado com tempo e paciência. O importante é não perder a razão, fazer negócios precipitadamente e gastar todo o dinheiro sem planejamento.

Se for preciso, vale procurar ajuda de pessoas com experiência na área, ou até mesmo de vida, afinal nada melhor do que ouvir alguém que já passou por isso e entre muitos erros descobriu a forma certa de fazer as coisas.

Eu tenho a felicidade de ter sempre meus pais por perto para conversar, trocar ideias, pedir uma orientação. No caso de eles não poderem me ajudar, por não terem conhecimento devido a pouca instrução, ao menos tenho o apoio para a tomada de decisões mais seguras. Da mesma forma temos os pais do meu marido, que estão sempre nos acompanhando, sempre participam das nossas experiências, mesmos sem interferir, mas eles sabem de todos os nossos passos, alertam para todas as possibilidades de erros, indicam onde existem mais chances de sucesso. Isto é muito importante e é sempre muito válido.

Mas não se restrinjam aos pais e sogros, ou familiares mais próximos. Muitas vezes será preciso procurar por profissionais mais qualificados e capacitados para uma orientação mais precisa. O que eu procuro sempre fazer é ter todos informados sobre as decisões que temos que tomar, seja com orientação profissional ou palpite de alguém mais experiente.

12|

Poupar é preciso!

Nunca comprometa toda a sua renda. Imprevistos sempre surgem, oportunidades também...

Ter uma reserva financeira dá estabilidade, e gera crédito.

Especialistas recomendam que, depois de identificar e organizar as contas, que não devemos comprometer toda nossa renda e reservar em torno de 10% como poupança.

Mas como reservar 10% da nossa renda em tempos em que não temos nem como cumprir com o pagamento das contas básicas mensais? Se para pagarmos nossas contas domésticas com moradia, luz, água, telefone, alimentação, vestuário e saúde já comprometemos toda nossa renda e ainda temos custos com educação e transporte. Se houverem dividas ainda a serem pagas e mais a tal sonhada poupança, vamos precisar três vezes mais do que a renda que temos.

O endividamento em massa é fato. Não podemos ignorar a realidade que vivemos hoje. Se você tem uma divida e não consegue pagá-la com o que você ganha, você não está só. Vários estudos e muitas noticias apontam que mais de 80% da população brasileira tem contas e está inadimplente com alguma obrigação financeira. Então como vamos cumprir com nossas contas, pagar nossas dividas e ainda poupar 10% da nossa renda?

É possível sim! Vai levar mais tempo para pagarmos uma divida e vai implicar em fazer alguns cortes ou acrescentar uma segunda fonte de renda, talvez até uma terceira. Mas o fato é que isto só vai ser possível se você conseguir visualizar com clareza o seu orçamento doméstico, com suas entradas e saídas, e poder fazer um controle dos gastos.

Devemos guardar parte da nossa renda, mas isto não significa deixar o dinheiro guardado e não pagar as contas. Isto não é economia, é inadimplência e muito pior do que não ter dinheiro guardado é não ter crédito na praça.

Uma das mais tristes experiências que eu já vivi foi ter a oportunidade de investir em um negócio e não ter o dinheiro necessário para fazer o investimento. Felizmente não foi a única oportunidade que surgiu na minha vida e aprendi uma grande lição na época.

Guardar dinheiro nunca foi algo fácil na nossa família que tinha uma renda baixa, mas desde pequena sempre vi que meus pais conseguiam "salvar" alguns familiares em situação de aperto não programado.

Quando alguém ficava doente ou uma emergência surgia e precisavam de atendimento particular ou pagar uma despesa extra, minha mãe sempre tinha uma reserva e meu pai conseguia ajudar de alguma forma. Também houve oportunidades de negócios onde o investimento foi possível porque existia uma poupança, uma reserva, ou até mesmo o crédito para financiar o valor necessário.

Eu e meu marido sempre mantemos uma reserva. Aprendemos que as oportunidades sempre surgem e os imprevistos também, então precisamos estar preparados, para o bem ou para o mal, e ter um pouco de dinheiro disponível é importante e extremamente necessário.

Foi assim quando nossas filhas nasceram e optamos pela internação particular no hospital da cidade vizinha.

Sabíamos quanto ia custar, quanto tempo tínhamos até o parto e conseguimos nos programar.

Logo depois do nascimento da nossa segunda filha surgiu a oportunidade de investir em um novo negócio e como o parto havia sido recente eu não estava financeiramente preparada para entrar em uma sociedade, mas mesmo assim arrisquei. Felizmente sempre tivemos claro nossas possibilidades então foi tranquilo negociar uma forma de investimento que não comprometesse nossa segurança financeira e fosse favorável para os sócios também.

Já na sociedade tivemos a experiência de vivenciar a dificuldade de um dos sócios que não estava preparado para uma emergência, e sem conhecimento da situação financeira da família, se viu em apuros e foi impossível manter os investimentos necessários nos projetos do negócio. A sociedade foi desfeita, os projetos guardados e a oportunidade perdida. Percebemos como é importante ter as contas organizadas e todos precisam ter conhecimento da real situação financeira da família.

O Método IOPR

O **Método IOPR** vai ajudar você a promover mudanças consideráveis em seu modo de ver e arrumar as contas da casa. É simples e eficiente, mas precisa de comprometimento, disciplina e foco.

Vejam como é super fácil! Tudo consiste em **I**dentificar, **O**rganizar, **P**lanejar e **R**ealizar. Fácil né?

Primeiro você precisa saber quanto do seu dinheiro é gasto com contas que não tem como mudar. É o processo de **Identificar**.

Depois você precisa arrumar as contas, preparar seu caixa, definir seus limites, estabelecer algumas regras sobre o consumo e ordenar as prioridades. É o processo de **Organizar.**

Sonhar é essencial ao ser humano e é o gatilho que vai manter sua motivação para os sacrifícios que fazer economia exigem. Ninguém merece trabalhar todos os dias, o dia todo, se esforçar, se submeter e abrir mão de muitas coisas para não poder sequer realizar um sonho. Quem não quer viajar nas férias? Quem não quer comprar um carro melhor? Quem não quer ter a casa própria? Este é o processo de **Planejar.**

Colocar em prática o planejamento, seguindo o que foi organizado vai possibilitar o alcance das metas, leve o tempo que levar, custe o que custar. É o processo de **Realizar.**

Isto tudo é feito com uma planilha que pode ser montada no Excel ou um programa similar com fórmulas automáticas, ou em uma simples folha de papel, usando uma calculadora. Não importa qual o recurso que você vai utilizar para listar e calcular suas receitas e seus gastos, o importante é conseguir visualizar a realidade financeira.

Muitas vezes o mais importante não é ganhar mais, mas fazer mais com o pouco que se ganha e assim estar preparado para investir em alternativas que possam te possibilitar ganhos maiores, seja em um novo emprego, ou um novo negócio, ou até mesmo em um bom investimento de longo prazo.

Mas para qualquer tomada de decisão é preciso ter tranquilidade, clareza e visão do futuro. Com a elaboração de uma planilha indicando os valores, temos o auxílio para traçar um planejamento estratégico de sucesso.

E você? Também quer realizar sonhos possíveis? Quer aprender a usar o Método IOPR e montar uma planilha com o seu planejamento financeiro de acordo com o seu orçamento doméstico?

Comece com o levantamento real da receita familiar. Quanto efetivamente você e todos os outros que moram na residência recebem em dinheiro e tem **disponível** para pagar as contas. Um dos erros que mais cometi foi o de contar com o valor do salário e ser surpreendida com o valor líquido da folha de pagamento.

Depois, com a lista dos gastos mensais e as contas em mãos, faça o levantamento dos custos e calcule todas as despesas domésticas que são de rotina na sua casa (luz, água, aluguel, supermercado, escola, transporte, prestações, etc.). Estas contas podem variar em valores de um mês para o outro, então mantenha sempre uma margem para mais e adote medidas de economia para ficar nesta média ou reduzir estes valores.

Da mesma forma, deve-se observar os custos da conta bancária, do cartão de crédito e de empréstimos que não foram contratados com parcelas fixas. Não ignore pequenos gastos. Se a tarifa do banco é pequena, mas é descontada todo mês, ela faz parte dos seus custos mensais e deve ser considerada.

Sabendo quanto efetivamente você ganha e quanto você vai usar da sua renda para pagar seus custos mensais fica mais claro quanto você tem disponível para outras despesas antes de comprometer seu dinheiro com contas que não poderia pagar. Uma coisa é certa: você vai gastar! Se você não sabe onde vai gastar, você gasta em qualquer coisa, em algo que não precisaria, porque de alguma forma você vai gastar e quando você gasta sem saber onde deveria gastar, acaba deixando de pagar contas importantes que são esquecidas. Assim começam as dividas.

Com estas informações em mãos, organize seu orçamento e faça as escolhas de onde vai investir o seu dinheiro. Se você quer comprar sua casa, lance este sonho na sua planilha, mensure quanto a casa dos seus sonhos vai custar e com base no quanto você terá disponível para economizar todo mês programe o tempo que levará para realizar este sonho. Isto já se torna visível para você e possibilita o planejamento para a realização. Reúna a família e se empenhem na realização deste sonho.

Comece aplicando estas dicas ao seu dia-a-dia. O efeito positivo pode não ser imediato, mas algumas mudanças já começarão a aparecer na sua gestão financeira. Depois, se quiser, compartilhe quais foram seus resultados. Estarei esperando e a disposição para ajudar no que for preciso.

Canais de contato:

Blog - http://contaorganizada.blogspot.com.br/
Site - https://www.contaorganizada.com.br/

Vamos ensinar você a criar e utilizar a sua planilha do Método IOPR.

Controle Financeiro Doméstico – Método IOPR

O modelo de planilha abaixo pode ajudá-lo a organizar as contas da casa e planejar a realização de seus sonhos.

Organize suas contas mensais fixas sempre lembrando do que é prioridade e não pode sofrer atraso. Existem contas que não dependem de você para serem reduzidas pois são tarifadas pelo Governo, então não gaste energia tentando fazer economia no que não vai dar resultado, foque seu esforço naquilo que você tem o poder de mudar. Você merece e pode realizar sonhos, mas terá que fazer alguns sacrifícios se for necessário e pode ter certeza, vale a pena e a recompensa compensa.

Dica de Excel: Coloque sempre o sinal = no início para somar todos os valores que você lançar (Ex.: =10,00+5,35+2,30). Assim quando você clicar no Enter (↵) a soma é automática.

Poder realizar sonhos é um estímulo que compensa todo sacrifício. Lembre-se sempre de que o esforço que você faz hoje será recompensado no futuro e que o futuro é um lugar no tempo muito melhor de se viver quando podemos alcançar objetivos possíveis.

DESPESAS MENSAIS	VALOR MENSAL	VALOR ANUAL
Luz		R$ -
Água/condomínio		R$ -
Telefone/Celular/Internet		R$ -
Aluguel/IPTU/Financiamento habitacional		R$ -
Supermercado/Restaurante		R$ -
Empregada		R$ -
Empréstimos/Cartão de Crédito		R$ -
Seguros		R$ -
Escola		R$ -
Saúde		R$ -
Despesas Bancárias		R$ -
Transporte		R$ -
Farmácia		R$ -
TV		R$ -
Casa (móveis, eletros, bazar e outros)		R$ -
PET Shop/Veterinário		R$ -
Emergências/Reparos Domésticos/Assistência Técnica		R$ -
Vestuário/Calçados/Acessórios		R$ -
Salão/Estética/Cabelo		R$ -
Lazer		R$ -
Dízimo/Comunitário/Doações		R$ -
TOTAL	R$ -	R$ -

RECEITAS MENSAIS	VALOR MENSAL	VALOR ANUAL
Receita Marido		R$ -
Receita Esposa		R$ -
Receita Extra		R$ -
Outros Ganhos		R$ -
TOTAL	R$ -	R$ -

SALDOS	VALOR MENSAL	VALOR ANUAL
Receitas e Ganhos (sobrando ou faltando)	R$ -	R$ -
TOTAL	R$ -	R$ -

METAS	VALOR MENSAL	VALOR ANUAL	OBJETIVO		TEMPO/MÊS	ANOS
Dívidas		R$ -	R$	1,00	#DIV/0!	#DIV/0!
Carro		R$ -	R$	1,00	#DIV/0!	#DIV/0!
Viagem		R$ -	R$	1,00	#DIV/0!	#DIV/0!
Imóvel		R$ -	R$	1,00	#DIV/0!	#DIV/0!
Poupança		R$ -	R$	1,00	#DIV/0!	#DIV/0!
TOTAL	R$ -	R$ -	R$	5,00		
Aqui você vai saber quanto está faltando ou ainda pode ser destinado para os seus sonhos	R$ -					

EXEMPLOS

Muitos especialistas falam sobre o assunto, assim como muitas pessoas como eu, que compartilham de suas experiências e aprendem com elas.

Quando eu decidi escrever sobre o Método IOPR e minhas experiências financeiras, procurei vários autores e especialistas sobre o assunto. Assisti palestras, conversei com professores e li vários livros para me certificar que estava no caminho certo e posso dizer que, toda forma de conhecimento contribui para o nosso crescimento pessoal e para a melhoria da nossa vida. No final deixo uma lista de alguns dos livros que de alguma forma embasaram minhas conclusões.

Sobre o que eu fiz com tudo o que eu aprendi, deixo aqui exemplos de algumas metas atingidas por mim, pela minha família e por amigos que eu acompanhei.

Eu não sei exatamente como foi a organização dos meus pais, se eles usaram um caderno, caneta ou lápis, se tinham o hábito de usar calculadora, se o dinheiro ficava no banco ou na gaveta. Não lembro como era, mas lembro que eles tinham um plano, aliás, eles tiveram vários planos e realizaram muitos. Passaram por crises, tiveram dividas, venderam bens, mas felizmente sempre conseguiram honrar com os compromissos financeiros.

Da mesma forma os pais do meu marido têm tudo organizado. Eles sabem quanto ganham por mês, planejam o que fazer e sabem o tempo que vai levar para realizar cada sonho planejado. O cuidado e o zelo com as contas é diário.

Eu e meu marido planejamos algumas coisas e realizamos boa parte delas. Estamos passando pela primeira crise econômica juntos, e aprendendo muito com as mudanças que fomos obrigados a promover.

Quando nos conhecemos tínhamos nossos sonhos individuais e conversando descobrimos que vários eram muito similares. Nos apaixonamos e durante um curto prazo de namoro organizamos o nosso casamento. Nosso primeiro projeto realizado com sucesso. Claro que tivemos ajuda dos nossos pais com a festa do casamento, mas o que havíamos planejado foi programado e cumprido de acordo com o orçamento e as metas.

Logo depois do casamento engravidei da nossa primeira filha. O planejamento já estava em execução e sabíamos quanto ia custar a cesariana, internação, pós-parto e tudo mais. Como eu não tinha plano de saúde e optamos pela internação particular em um hospital na cidade vizinha ao nosso domicilio, tivemos que nos preparar para os gastos. E o que havíamos programado foi cumprido exatamente como planejamos.

Para atender melhor nossa mobilidade com a criança, a troca do carro foi inevitável e tivemos que buscar recursos com nossos pais, que felizmente sempre conseguem nos amparar. Foi quando aprendemos uma lição com um grande susto. Um acidente de trânsito nos trouxe um prejuízo para o qual não estávamos preparados e todo nosso planejamento financeiro teve que ser alterado. Cortar custos, negociar, trabalhar mais, abrir mão de algumas coisas, adiar a realização de outras e buscar mais uma vez ajuda financeira de fora. Aprendemos a importância de incluir no nosso orçamento o imprevisto, seja com uma poupança ou um seguro.

Depois de um ano do nascimento da nossa primeira filha, com o carro quitado e as contas em dia, após nossa primeira viagem de férias, engravidei da nossa segunda filha, que seria a última gravidez de acordo com nosso planejamento familiar. Novamente organizamos nosso orçamento para uma internação particular, com a inclusão do procedimento de laqueadura. Quanto ao orçamento, ao planejamento e os pagamentos deu tudo certo, mas não como o planejado, pois tivemos que procurar outro hospital às pressas devido a ausência do anestesista. Houve uma diferença do que havíamos orçado em um hospital e o que deu no outro, mas foi tranquilo negociar e cumprir com todos os pagamentos.

Durante cinco anos fizemos investimentos, ampliamos os negócios, compramos equipamentos, mais um veículo, contratamos funcionários e começamos a construção do prédio próprio. Isto tudo era planejado, desenhado e orçado. Mas em algum momento não fizemos mais os controles e não organizamos mais as contas. O resultado foi o acumulo de uma divida no pior período econômico do nosso País. Com pouco dinheiro demitimos todos os funcionários, vendemos parte da empresa, quitamos nossa casa e retomamos nossa planilha.

Agora sabemos exatamente o quanto precisamos e quanto tempo vamos levar para cumprir com o pagamento das dívidas, a conclusão da obra começada, a reforma da casa, a troca do carro, a conclusão dos estudos e os investimentos em novos negócios.

Dá para realizar isto tudo em tempos de crise? Com certeza dá! Com força de vontade, foco e fé, seguindo nosso planejamento e respeitando nosso orçamento, leve o tempo que levar, temos sonhos possíveis de realizar.

Vou usar o exemplo de uma amiga, sem usar o nome dela para evitar exposição, mas o caso é típico. Como muitas pessoas ela tem o costume de usar o cartão de crédito para pagar contas e fazer compras. Ela ia fazer um empréstimo no banco para quitar a fatura do cartão de crédito porque já havia utilizado todo o limite do cheque especial para pagar o mesmo cartão que não quitava nunca. Estava encurralada e sem conseguir ver outra alternativa para sair da bola de neve. Na verdade ela só estava trocando duas dívidas por uma nova divida. Em dois meses as prestações do empréstimo consumiriam novamente o limite do cheque especial e ela voltaria a usar o cartão de crédito para pagar alguma conta e fazer as compras de supermercado, combustível e outras coisas. Em menos de 6 meses estaria com 3 dividas e todas as contas mensais vencendo sem ter alterado a receita. Desesperador não é? Dei a ela a mesma planilha que eu uso.

No inicio ela foi muito descrente e desmotivada. Acreditava que a planilha só mostraria para ela que não tinha alternativa se não vender o carro e zerar tudo. Eu insisti e montei a planilha com ela alimentando com os dados que ela me fornecia. Quanto de salário ela recebia no mês, quanto ela recebia em vale-refeição, quanto ela conseguia acumular de outras fontes de renda, quais eram as contas que ela tinha todo mês para pagar e quanto era cada uma delas. No final da planilha montada ela conseguiu ver que se economizasse em algumas contas desnecessárias por 03 meses, acumularia o valor para negociar a quitação da fatura do cartão de crédito, sem usar o limite do cheque especial. Ela não abandonou mais a planilha, não tem mais dividas com o cartão de crédito, podendo inclusive continuar utilizando, quitou e cancelou o cheque especial no banco eliminando tarifas desnecessárias, já viajou para o exterior e está investindo em uma pós-graduação sem medo de ficar inadimplente.

Outro caso típico é o de uma pessoa que me procurou para pedir ajuda. Como ela trabalhava com prestação de serviço e recebia diariamente pelos serviços prestados, sem ter um controle acabava consumindo mais da metade do que havia recebido no mesmo dia, antes mesmo de chegar em casa. Exatamente o que acontece quando não sabemos que contas temos para pagar. Para piorar a situação, ela havia acumulado dividas em lojas, estava com o aluguel atrasado e o marido não sabia da situação. O pavor de ser descoberta gerava um estresse enorme e a ansiedade levava a consumir mais coisas desnecessárias. Pedir minha ajuda para montar a planilha foi quase um ato de desespero, mas felizmente deu certo. Foram quase três meses de sacrifícios que o casal se sujeitou a fazer para colocar o orçamento em ordem e conhecendo a realidade das contas e das receitas poderem negociar com os credores como fariam para honrar os pagamentos. Eles levariam um ano para sair da situação em que estavam, mas conseguiram incluir a realização de um sonho em comum no planejamento financeiro que era comprar uma moto e fazer uma viagem para a Serra Gaúcha.

E foi através deste casal que outro casal me procurou com uma história bem diferente. Eles tinham o sonho de morar na praia e montar o próprio negócio e precisavam organizar o orçamento doméstico para conseguir economizar o valor necessário para realizar isto. Foi uma experiência maravilhosa ajudar este casal e ver o progresso deles, a união e o comprometimento com o que planejaram e o empenho em alcançar as metas para aproveitar cada oportunidade e acelerar o alcance do objetivo. Montar a planilha dos gastos foi o que deu mais trabalho, porque em cada conta eles discutiam uma forma de economizar e reduzir o consumo e já negociavam alguma outra coisa para suprir o que ficaria escasso, coisas do tipo usar um shampoo mais barato e deixar o carro em casa nos dias que conseguissem pegar o ônibus para irem ao trabalho, recusarem convites para jantares com os amigos e visitas a familiares que precisassem ir de carro para economizar no combustível, cancelar a assinatura da TV já que tinham a internet. A única coisa que eles não conseguiram foi cancelar as aulas particulares da filha (inglês e natação), mas conseguiram conquistar uma ajuda da avó da menina para manter as mensalidades. Em menos de um ano eles conseguiram economizar o dinheiro suficiente para começar o negócio em Itapema, litoral de Santa Catarina.

E eu ainda tenho o meu primeiro exemplo, que foi onde a planilha passou a ser o Método IOPR. Eu tinha uma escola de informática e dava aulas de Excel básico para adolescentes. Um dia uma colega chegou na minha sala e me pediu para ajudar a montar uma planilha no Excel e colocar as fórmulas nas células para saber quanto ela precisava vender para conseguir comprar uma franquia. Aquilo foi estranho, porque a gente calculava e somava e colocava todas as possibilidades de erros e a planilha nos mostrava que ela podia realizar aquilo e ela acreditava naqueles resultados. Ela salvou a planilha em um disquete e levou junto para casa na cidade vizinha. Seis meses depois eu estava na inauguração da franquia dela. Seis anos depois ela abriu a segunda franquia e comprou o apartamento. O marido largou o emprego e foi trabalhar com ela e eles têm dois filhos, o que retardou um pouco a abertura da terceira franquia devido a limitação de tempo para se dedicar a mais um negócio.

Dos casos de separação que eu frustrei, sim porque eles se reconciliaram depois de começarem a organizar as coisas para poderem se separar, posso citar um muito peculiar. O casal vinha enfrentando dificuldades de relacionamento e os filhos já vinham sofrendo com as discussões e conflitos. Na verdade tudo não passava de um desajuste financeiro familiar. Em duas reuniões para definirmos o valor da pensão alimentícia eles simplesmente resolveram tentar salvar o casamento. Foi muito bom participar disto e me senti realizada de ter conseguido ajudar. O caso era que, como a esposa não estava trabalhando a única renda que sustentava a casa era do marido, e como ele não sabia das contas da casa acabava gastando parte do salário sem ter planejado com a esposa. Acontecia todo mês que, no dia de pagar a conta da luz o dinheiro não estava disponível, até que os cheques do supermercado, da escola ou da farmácia começaram a ser devolvido por falta de fundos. O casamento havia ruído e a convivência era insustentável. Utilizamos a planilha para saber quanto efetivamente ele conseguiria pagar de pensão e foi aí que as coisas começaram a ficar claras para os dois. Visualizando como eles deveriam organizar o orçamento doméstico perceberam que havia uma solução e que quando ela conseguisse retornar ao mercado de trabalho as coisas ficaram ainda mais fáceis. Então porque separar se dava para fazer planos juntos e viverem felizes em família? Eles se amavam e queriam os filhos bem. Como era de se esperar, eles precisaram de ajuda dos familiares para se reorganizarem no início, mas com a planilha em mãos conseguiram promover uma reunião familiar para expor a situação e pedir a ajuda que precisavam. Foi o meu primeiro fracasso como advogada e onde eu descobri que poderia ajudar muito mais contribuindo para melhorar a vida das pessoas.

Estes são exemplos típicos, mais comuns do que a gente pensa, de como é possível realizar sonhos mesmo ganhando o que julgamos ser pouco, mas que pode ser suficiente se for organizado e planejado de forma clara, que permita ser visualizado o quanto, o quando, o como e onde vamos colocar nosso esforço, ou fazer nossos sacrifícios, para realizar os sonhos que queremos, e que podemos ter.

E para encerrar vou usar a dica dos meus amigos e colegas Giovani e Camila, do MBA da Fundação Getúlio Vargas, sobre a frase de FIM: – Espero por vocês na próxima edição!

BIBLIOGRAFIA

CERBASI, Gustavo. **Os segredos dos casais inteligentes.** 1. ed. Rio de Janeiro: Editora Sextante, 2012. 160 p.

CERBASI, Gustavo. **Investimentos inteligentes.** 1. ed. Rio de Janeiro: Editora Sextante, 2013. 256 p.

CERBASI, Gustavo. **Casais inteligentes enriquecem junto: finanças para casais.** 1. ed. Rio de Janeiro: Editora Sextante, 2014. 176 p.

CLASON, George S. **O Homem Mais Rico da Babilônia.** 18 ed. Rio de Janeiro: Editora Nova Fronteira, 2006. 160 p.

CORLETT, Ian James. **Ética de pais para filhos: como conversar com crianças sobre moral, valores e tudo o que há de mais importante.** 1. ed. São Paulo: Editora Prumo, 2011. 120 p.

CUNHA, Murilo Bastos da. **Meu cofrinho, meu futuro: educação financeira.** 1. ed. São Paulo: Editora Caramelo/Grupo Saraiva, 2015. 32 p.

D'AQUINO, Cássia. **Educação Financeira: como educar seu filho.** 1. ed. Rio de Janeiro: Editora Elsevier, 2007. 180 p.

DOMINGOS, Reinaldo. **Terapia financeira: realize seus sonhos com educação financeira.** 1. Ed. São Paulo: Editora DSOP, 2012. 140 p.

DOMINGOS, Reinaldo. **Como gastar menos do que você ganha.** 1. Ed. São Paulo: Editora DSOP, 2013. 80 p.

FERREIRA, Ricardo. **Educação financeira das crianças e adolescentes... em função da idade.** 1. ed. São Paulo: Editora Escolar, 2013. 176 p.

FREEMAN, Dr. Doug. **Mentes milionárias: desvende os segredos de quem ficou rico.** 1. ed. São Paulo: Universo dos Livros, 2013. 272 p.

HILL, Napoleon. **Pense e Enriqueça.** 1. ed. Rio de Janeiro: Editora BestSeller, 2014. 336 p.

KIYOSAKI, Robert T. **Pai rico, pai pobre: o que os ricos ensinam aos seus filhos sobre dinheiro.** 57 ed. Rio de Janeiro: Editora Campus, 2000. 192 p.

NOLTE, Dorothy Law; HARRIS, Rachel. **As crianças aprendem o que vivenciam: o poder do exemplo dos pais na educação dos filhos.** 1. ed. Rio de Janeiro: Editora Sextante, 2009. 144 p.

SCOTT, Steven K. **Salomão, o homem mais rico que já existiu.** 1. ed. Rio de Janeiro: Editora Sextante, 2008. 176 p.

SCOTT, Steven K. **Os segredos dos homens mais ricos do mundo: realize seus sonhos impossíveis.** 1. ed. Editora Thomas Nelson Brasil, 2011. 256 p.

TOBIAS, Andreza Maria Neves Manfredini, CERVENY, Ceneide Maria de Oliveira. **Educação financeira na família: como falar de dinheiro com as crianças.** 1. ed. São Paulo: Editora Roca, 2012. 118 p.

A
DEISE
MARIA
KROTH
ASSMANN

Nasci e cresci em Santa Rosa, cidade pequena no interior do estado do Rio Grande do Sul. Concluí a graduação em Direito em 1998. Advoguei por 05 anos, mas optei por encerrar a carreira jurídica devido ao sucesso na reconciliação dos casais que me procuravam para ações de divórcio, principalmente quando o motivo da separação eram crises financeiras.

Aprendi muito ensinando. Tive a incrível oportunidade de ministrar aulas em vários cursos da área de Gestão Comercial e Informática no Senac por mais de 04 anos. Depois fui para a Microlins e em 2005 comprei minha própria escola, quando fundamos a Rede Datawork.

Estudei Docência para Cursos Profissionalizantes, fiz o Empretec/Sebrae, e vários cursos de Coaching e Mentoring. Atualmente estou cursando MBA em Gestão de Pessoas na Fundação Getúlio Vargas.

Empreendedora por paixão, casada com um empreendedor cheio de criatividade e mãe de 02 meninas, continuei com minha própria empresa e hoje, com 10 anos, a Viva Placement apoia projetos de novos empreendedores, além dos próprios, com a Impulsor, umas das startup do grupo.

Adoro estudar, descobrir coisas novas, criar, inovar e ajudar as pessoas.

Depois de vivenciar situações e crises financeiras, aprendi a utilizar uma ferramenta muito simples e muito eficiente para organizar as contas e poder realizar alguns sonhos, e é isto que eu quero compartilhar.

Licença